AF372557

De la société à la pensée :

Chemin vers la liberté.

*

Par nature, de nature. Mais que veulent dire ces expressions qu'emploient la plupart des Hommes quand il s'agit de les utiliser ?

Savent-ils ce que la Nature[1] en tant que vraie Nature est ? Pour donner une définition, je dirais que la Nature est créatrice.

---

[1] Par « Nature » j'entends le Tout de la réalité à la manière de Marcel Conche.

Les expressions courantes renvoyant à la Nature ne sont qu'une création du langage. De nos jours, le langage a perdu sa clarté, nous disons ce qui nous semble être juste à notre convenance, voire comme critère de vérité. Il faudrait d'abord définir ce que sont ces appellations.

« Par nature », (et je définirais d'un point de vue non philosophique) pourrait signifier « au début de », « à l'origine de » ; « De nature » renverrait au cheminement, au but.

La Nature n'est pas à modifier. La Nature est comme la philosophie, elle est à appréhender, à penser. Il faut chercher la vérité en philosophie, et l'harmonie dans la Nature. La vérité est universelle mais chaque individu la cherche à sa manière, et nul ne la possède.

*

Si tout s'écoule dans la Nature, alors nous ne sommes jamais ce que nous sommes.

Nous ne sommes que mortels (*brotoï),* notre être meurt chaque seconde, et chaque seconde est différente de la suivante. C'est un mouvement perpétuel. La Nature ne fait que naître, elle n'est plus à présent ce qu'elle a été l'instant précédent. C'est-à-dire que la Nature change en permanence, et nous naissons en permanence, la Nature se crée elle-même et l'homme se crée par la Nature. Rien n'est, tout devient, le présent est unique et le passé n'est que notre représentation.

Si tel est le fonctionnement de la Nature (c'est-à-dire qu'elle ne se fixe jamais), alors il va de soi que ce fonctionnement est le même pour tous les végétaux, les minéraux, et les humains, en bref, tout ce qui est produit par la Nature.

Ce qui veut dire que nous n'existons pas au moment où nous existons, à l'heure où je vous écris, je suis déjà mort, puis me voilà renaissant, puis de nouveau mort. La Nature est un flux infini. La Nature est une puissance de création qui demeure au-delà des apparences sensibles, au-delà des

religions et par conséquent au-delà de
toutes les interprétations émises jusqu'à
aujourd'hui.

*

Indifférent, indigne, hypocrite, avare et
médisant ; Voici l'Homme urbain.

*

La pluie rend sombre, elle est d'une tonalité
négative. Mais peut-être faudrait-il arrêter
de se plaindre.

Enfin voir et regarder ce que la Nature offre.
Car même la pluie fait partie de la beauté de
la Nature.

Beauté qui donne vie aux plantes et qui
humidifie la terre.

Elle n'est pas mauvaise, ce sont les Hommes qui la considèrent comme mauvaise.

*

Les êtres finis et déterminés n'ont plus aucune importance à mes yeux. La vie ne peut pas être considérée comme quelque chose d'unilatéral et de banal, elle n'est pas une répétition mais invente sans cesse. L'Homme vit avec la peur de la mort. La théorie du *divertissement* de Pascal en est la preuve. Premièrement l'Homme se divertit. Deuxièmement, il se divertit car il est un être mortel, enfin, s'il est mortel, il doit se donner une raison d'exister pour oublier la mort. Et pourtant, comment oublier la mort ?

Si « Philosopher, c'est apprendre à mourir » comme le dit Montaigne, alors le philosophe ne doit pas se détourner de la mort.

Regardez, de quoi le non-philosophe[2] a-t-il besoin pour être heureux ? C'est très simple. Il lui faut du divertissement pour endormir sa conscience. Mais pour le philosophe ? C'est bien différent. Il lui faut seulement assouvir les besoins naturels et nécessaires. Le philosophe, se contente d'atteindre le vrai. Et pour accéder au vrai, il faut :

1. Penser
2. Penser en tant que philosophe
3. Penser la nature

Car le vrai se trouve toujours dans la Nature. La Nature est vivante et infinie. De qui dépendent les Hommes ? Ils dépendent de la Nature. De quoi dépendent les objets (fabriqués) ? Ils dépendent extrinsèquement des Hommes, qui eux sont produits par la Nature.

En somme, être philosophe, c'est vivre, en la Nature. Quant aux autres, ils vivent, dans

---

[2] J'appelle le non-philosophe une personne qui ne veut pas penser, bien que le pouvant. C'est le cas pour la plupart des humains.

l'hypocrisie, dans la dispersion, et dans le divertissement.

La Nature est à la fois *omnienglobante* et *omnicréatrice* comme l'affirme Marcel Conche dans le livre <u>Métaphysique</u>.

*

La société est ivre. Et les "médias" font naître dans l'esprit des Hommes des fausses croyances qui les détournent de l'essentiel.

Les médias insinuent des fausses vérités et perdent la clarté de la Nature. La société nous prépare et nous conditionne à recevoir le charabia médiatique. Dès lors comment retrouver la limpidité de la pensée ?

La pensée n'est pas présente dans la société. Car la société ne pense qu'à l'intérêt du troupeau, elle n'en appelle qu'à votre civisme, à votre rôle de bon citoyen, de bonnes croquettes au thon. Et, dans votre misère, vous devez vous réfugier en elle car elle est vous domine, vos désirs, vos angoisses, vos pensées.

Mais un mouton ne peut pas bien vivre sans bien manger. Manger les discours, les vanités, les oppressions, les dictatures.

La société vous assaisonne jusqu'à vous rendre "fade". Ce peuple "ratatouille", réuni dans le même plat, tel des avocats "mûrs à point" et sur le point d'être mangés.

*

Le système ampute la liberté. La cause en est sociale. Elle détourne les Hommes du vrai loisir (*scholè*) qu'est la pensée. L'homme découvre sa propre misère lorsqu'il est conscient que sa vie ne se résout qu'à de la répétition, à de la médiocrité et à du divertissement.

*

Quand la sécurité se place au-dessus de la liberté, quand le pessimisme l'emporte sur l'optimisme et quand la morale se tient au-dessus de la pensée, alors il reste la démocratie.

Cette démocratie « poison », qui endoctrine le peuple, peuple non-érudit, plutôt ignare. Un peuple assoiffé de lois et de domesticité.

Ceux qui n'offrent ni vie, ni agrément. Ceux attachés aux valeurs sociales : aux lois, aux évènements, aux fêtes, à l'*épithumia.* Tous ces souverains démocrates, ces sceptiques, ces prétentieux du pouvoir, tous ces faux-sages et sophistes, amoureux du « vouloir plus », du « vouloir simple », du « vouloir tout ».

Ces humains « chair pour rats », qui rendent encloses les villes, tous réfugiés dans leurs vanités, dans leurs richesses, dans leurs médiocrités.

Ces espèces de laisses à toutous, de chiens, de funérailles, qui quadrillent leurs journées et grillagent la caverne. Tous pris dans le filet des croyances, des apparences et de la banalité.

Tous ces gens sont « enfants d'Etat ». Et c'est cet humanisme, ce grégarisme, ce « tous pareil ! » et ce mépris qui rend l'homme urbain, social, et immuable.

*

Il n'y a rien de plus en mouvement que la flamme d'une bougie : cette force qui surgit nous fait voir le contraste : du vert, du bleu, du jaune, de l'orange. Le feu est plus fort que la lance, il réchauffe et il permet à la lance ou tout autre ustensile d'être rigide. Ce mouvement qui change sans cesse, et dont la flamme fait voir ce mélange avec la réalité : la flamme se mélange au Tout, comme ce nuage peut se mélanger au ciel. Tous les mélanges sont intenses. Et rien de plus beau et de plus lumineux que la flamme d'une bougie, un mélange de nuages, ou bien encore le « *phuein* ».

*

La ruche produit le miel, et le miel la saveur,
l'agréable. Ce « bon miel » fait par une
« bonne abeille » crée la sensation :
sensation du goût et de la saveur. La Nature
ne produit que du bon et ne crée rien en
vain. La vanité flatte les Hommes, elle ne
flatte ni les abeilles, ni la Nature.

*

Pourquoi la grisaille cache le réel ? Ce ciel
gris ne relève-t-il pas d'un caractère obscur ?
Le soleil brille : la Nature se dévoile. Peut-
être sans lui les buissons peuvent être tristes
et déprimés. Chaque végétal a son propre
caractère et le minéral aussi. La roche est la
roche et le buisson est buisson. Rien n'est
même. Le même : erreur du langage, instinct
grégaire. La Nature n'est jamais même, et
elle innove.

*

La jeunesse : erreur fatale. Aucune ouverture d'esprit, aucune envie de nouveauté. Toujours du même. La jeunesse : meilleur ami du principe d'identité, ne cherche ni la découverte, ni « l'ouvert », ni la Nature. Pour la jeunesse ce qui est nouveau n'est pas à découvrir. Egoïsme et frilosité. Jeunesse attachée aux valeurs sociales. Ce sont les jeunes qui sont dépendants de la société, dépendants de la « solidarité ». La norme, c'est le diktat. « Nous sommes égaux », « nous sommes solidaires ». Mais en réalité cela revient à dire « nous sommes esclaves ». Esclaves de la démocratie, de l'utilitarisme. Esclaves du « vouloir tout changer », esclaves du Patriarche. Leurs aînés ne valent pas mieux : L'Homme adulte : attaché au travail, au gain, à la vanité. Vient ensuite la vieillesse : Malade des souvenirs et de la réminiscence. Seuls les philosophes sont dans l'*aletheia*.

*

Ce qui est sain est sage. La sanité est un dialogue de sages. Une belle vie est saine, une vie saine est belle. Une vie ni belle ni saine n'est que vanité.

Tous ces faux sages considèrent le monde comme sain. Mais ce qui est sain est naturel, or, qu'est-ce-qui est plus naturel et plus sain que la Nature ?

Se dire sage et être sage est bien là deux choses différentes. Ce qui est sage est ce qui est sain et naturel tandis que se dire sage est conforme aux humains. Donc ce qui est sain est la Nature, et ce qui est sage est sain. Donc la Nature est sage et saine. Les humains ne définissant pas ces termes ne peuvent atteindre une limpidité.

*

Tous les éléments cohabitent dans une seule réalité qu'est la Nature. L'organique et l'inorganique sont un assemblage et eux deux forment la réalité : la Nature.

La pierre, le sable, le nuage, l'air ou la mer ne sont tous qu'un mélange : « Tout est dans tout » disait Anaxagore. C'est le degré de notre perception qui peut distinguer la mer d'une pierre ou le sable du nuage.

Je pense que tout est mélange et fluide. Le mélange nuage/nuage ou mer/sable est le même que le mélange eau/citron. Sans sensation, nous ne pourrions pas catégoriser une chose.

*

J'ai remarqué qu'en la Nature rien n'est anxiogène et oppressant. Ce que je pose comme question est de savoir pourquoi la vanité existe dans les villes. Si la Nature est saine, et qu'elle est le Tout de la réalité, pourquoi existe-t-il de la vanité et de la voracité ? Tout simplement parce que l'Homme enclot la Nature, il grillage l'environnement, tandis que la Nature est innocente. Tous ces grattes ciels et ces « progrès humains » renvoient au « vouloir toujours plus ! » Mais dès que le glouton, (ce personnage avide) entre en Nature, alors il voit en elle le caractère inessentiel. Pourquoi ? C'est une cause du divertissement. C'est le marteau du même qui enfonce le clou dans l'identité.

L'Humain n'a rien de sagace (*phronesis* au sens d'Aristote), l'Homme est défini seulement par rapport à son origine ethnique ou sociale. Mais il faudrait redéfinir l'origine : L'origine vient du grec *arkhè,* mais, qu'est-ce qu'il y a à l'origine, depuis toujours : La Nature ! L'Homme est arrivé tel un parasite, et L'Homme est, tel un boulon rouillé.

*

La nuit noire fait partie de la Nature. Et quand la nuit tombe, alors surgit le silence. Le silence se mélange au décor, il est l'absence de bruit. Le silence est-il absence des choses ? Non, c'est notre oreille qui distingue les bruits. Sans oreille, pas de bruit. Que reste-t-il ? Si le silence est un « bruit absent »[3], il reste ce que nous percevons comme étant le Tout de la réalité : la Nature.

Le silence se mélange ensuite au sublime. Il est bienfait pour la pensée. Il apaise et est sain. Quand il y a le silence, il n'y a pas rien, il y a le Tout sans bruit.

Le silence est doux, il danse parmi les nuages, il slalome parmi les buissons, il est Vénus scintillante la nuit, il est ce crépuscule lorsque chantent les hirondelles.

*

-----

[3] J'entends par « bruit absent » la parole silencieuse recouverte habituellement par le vacarme de la société.

Le crépuscule le soir offre un spectacle pour le vivant. Ici et là les formes apparaissent comme plus évidentes, plus concrètes : le soleil est désormais caché et les nuages s'étirent en couleur formant un contraste. Il ne reste plus que quelques brins de lumière, qui s'effaceront au cours de la nuit.

Le caractère de la forme subsiste là où le mélange demeure : Mais c'est un grand mystère de savoir comment il y a forme et comment le mélange s'effectue.

C'est-à-dire que ce qui s'évanouit est transformé en une nouvelle forme, en un nouvel étant.[4]

*

Peut-être Thalès voit juste avec sa théorie : l'eau serait le Tout. C'est elle qui fait pousser le végétal. Mais comment peut germer un végétal ? Cette question essentielle en

---

[4] Entendant par étant n'importe quelle forme matérielle.

philosophie pose le problème
d'Anaximandre, à savoir : Comment naissent
les formes ?

*

Si nous étions un aigle, alors le monde serait
différent. Mais en voulant être un aigle, nous
pourrions imaginer être un aigle seulement à
partir de notre conscience. Nous ne pouvons
nous dédoubler. Mais imaginer être un aigle
serait une belle expérience :

Nous planerions sur le haut des collines,
nous chercherions la chair pour nous nourrir.
Nos ailes battant dans le vent et nos griffes
prêtes à attraper une proie. Ce que je veux
dire, c'est que le monde n'est jamais le
même pour les animaux, les végétaux, les
minéraux etc.

Le monde est variation. Je perçois, l'aigle
perçoit, le buisson perçoit. Peut-être la
pomme perçoit aussi son monde, à sa
manière. Notre vie n'est qu'une parmi tant

d'autres. Ce serait exaltant de devenir une plante un instant : peut-être verrions-nous le sable ciel ou bien le rocher abeille ?

Notre perception est unique. Nous percevons tout ce que la Nature produit. Il faut alors s'émerveiller devant son monde pour en tirer un grand bonheur.

*

Il faut s'évader pour penser. La pensée est grésillée, elle est tourmentée et stoppée lorsqu'un parasite est présent. Pour penser il faut penser en la Nature. Il faut écouter le bruit du lac et cheminer vers le rocher perdu. Ce rocher fait penser, il donne une vue sur la compréhension du réel.

Il faut s'asseoir, il faut patienter et il faut attendre que l'inspiration jaillisse : Il faut ensuite éplucher les idées et n'en garder qu'une. C'est elle qui vous montrera la vérité. Penser, penser pour comprendre.

Peut-être votre première expérience de pensée se fera au bord d'un ruisseau, voyant les fluctuations des vagues se mélanger aux autres vagues. Ou alors en ramassant les pommes de terre ? Ou bien encore en ratissant les feuilles du jardin. Toutes les pensées viennent au monde.

Il faut s'étonner, encore et encore, jusqu'à apercevoir l'arc : votre arc est la pensée, votre flèche l'idée et, une fois la flèche lancée, vous pourrez accéder à la compréhension.

Sans assemblage, aucune pensée ne peut surgir. Il vous faut trier, décomposer, et hiérarchiser la pensée. Une pensée est unique, elle effleure votre vie un instant puis elle disparaît tel un nuage.

*

Il y a des jours où l'énergie diffère. Ce sont des jours où les évènements qui ne dépendent pas de nous nous oppressent.

Ces jours-là ne sont guère utiles, tous auraient préféré que cela ne se produise pas, que la pluie ne tombe pas, que ces nouvelles n'arrivent pas.

Mais il faut affronter les problèmes. Il faut les hiérarchiser. Il ne faut pas sombrer dans cet esclavage médiatique, cet esclavage de presse et d'administration qui nous dérange. Il faut partir en Nature et retrouver sa beauté.

Et seulement là cette énergie négative pourra s'évanouir. Enfin viendra une énergie plus belle et plus lumineuse, qui vous permettra de retrouver le chemin du sublime qui mène à la vérité.

*

Il ne faut pas se plaindre si la Nature ne pourvoit pas. Il faut mériter la Nature. Les Hommes dépendent des médias, dépendent de leur idole, dépendent de leur bêtise, dépendent d'une souveraineté étrangère.

C'est une vie qui repose sur une domesticité permanente. C'est aberrant. Vivre pour quelqu'un et être soumis à tous ses désirs sans même vivre avec est stupide.[5] Il ne faut pas être égocentrique, ce n'est pas ce que je pense, mais il faut vivre pour la Nature. Se plaindre, et attendre qu'un acte miraculeux se produise est bien là effrayant.

Il faut mériter le paysage, il faut mériter le voyage, il faut mériter le retour, il faut mériter la vie. S'inquiéter, encore et toujours, de la bêtise humaine, de la bêtise de soi, se sentir encerclé, et pris au piège, est inessentiel. La Nature crée, et elle est bonne, elle n'est jamais oppressante, elle est accueillante et elle ouvre ses portes sur le nouveau, sur le devenir, sur l'infini.

*

---

[5] Ici je fais référence aux personnes qui se disent « fan » de telle personne, de tel objet. De cette dépendance nait la souffrance.

Ce n'est plus de ma préoccupation de vous livrer ces réflexions. J'admets des idées, des arguments. Maintenant je dois me rapprocher de l'essentiel. Il faut faire abstraction de la sociologie, de la psychologie, de la dépendance aux médias et de la dépendance au divertissement. Il faut se demander par quel biais accéder à la vérité. Si pour la plupart des Hommes la vérité est de dire « c'est la vie » ou « c'est comme ça », alors cela ne m'intéresse pas. Dire cela est vrai parce que c'est comme ça revient à dire : je suis idiot parce que c'est comme ça. Bref, à présent il ne faut plus demeurer dans l'inessentiel mais se diriger vers le chemin du vrai.

*

Il faut en finir avec *De la société à la pensée.* Mes pensées demeurent dans cet opuscule. Mais le vrai problème n'est pas relevé. Il faut arriver à se demander de quelle manière naît une forme, de cette question résulte

l'importance de la philosophie. Ou bien :
Comment la perception limite-t-elle le
monde ? Pourquoi un étant nous apparaît
fini ? C'est à cela que je dois répondre.

*

Finir *De la société à la pensée*, porter son
regard sur la Nature, et enfin trouver le
chemin de la vérité afin de pouvoir réfléchir
à la question : Qu'est-ce qu'il y a ?

*

Livre auto-édité par :

Loïc Bouilly

1271 Boulevard Léon Blum

83300 DRAGUIGNAN

France

Tirage à la demande

ISBN : 978-2-9572895-0-9

Prix TTC France : 6,99€

Dépôt légal : Mai 2020